河出文庫

デザインのめざめ

原研哉

河出書房新社

デザインのめざめ　もくじ

イラスト＝コーチはじめ

デザインのめざめ

8

表面張力の美学

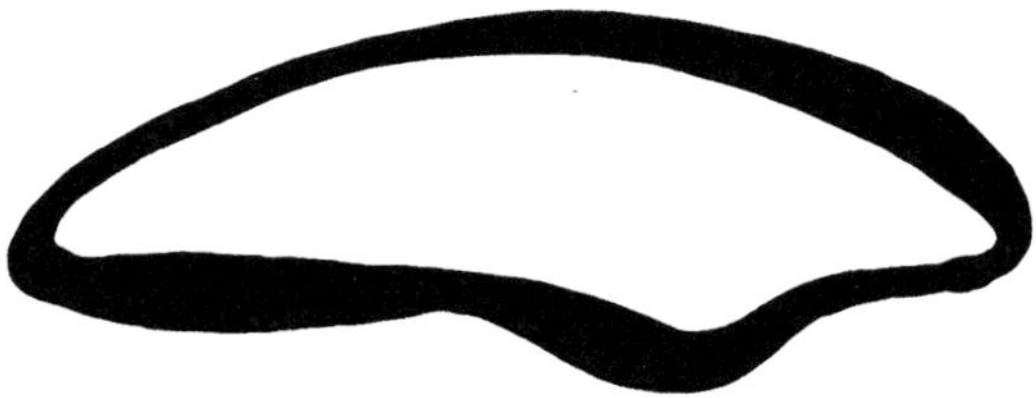

ドイツやスイスを旅していると、目盛り付きのビアグラスやワイングラスに出会う。一体この目盛りは何だ？　と怪訝《けげん》に思っていたが、そのうちに理由が判明した。要するにここまでは必ず飲み物を注ぐべしという、容量チェックの目印なのである。確かにグラスワインを頼んでも、なんだかちょっと少ないかなあと感じる場合もあるし、逆になみなみと注がれて、おお、気前のいいことだと喜ばしい気分になることもある。ビールなどの場合は、泡の分量が多すぎるとお客からクレームがくるそうな。そのための目盛りである。

しかしなんともせちがらい。この点に関しては日本酒の注ぎ方を見よ、と言いたい。大衆酒場で、日本酒が供される場合、グラスの底に受け皿が一枚敷かれる。グラスにはなみなみと酒が注がれ、揚げ句に必ず酒はグラスから溢《あふ》れ、下の受け皿を満たす。もちろん、これは、意図せずこぼれた酒を受けるための予防的な受け皿では決してなく、わざわざこぼしてサーブする演出でありデザインなのである。

枡《ます》に酒を注ぐ場合もしかり。やはりこぼれ落ちるまでなみなみと酒は注がれ、檜《ひのき》の枡はその分厚い縁に表面張力によってみごとに膨らんだ酒をゆらゆらさせながら主の最初のひと口を待つ。飲む側も、張力で膨らみきった柔らかで透明な液体を、こぼさぬように細心の注意をはらいながら口に運ぶ。まさに溢れんばかりのもてなしの心意気のうちに日本酒は成就していく。グラスに描かれた無粋な線に対してこの美意識。酒に関しては、やれワインだのソムリエだのと西欧の習慣を押しつけられている昨今だが、庶民レベルの酒のあしらいに関しては日本も結構やるのだ。

表面張力といえば、米メトロポリタン美術館にあるイサムノグチの彫刻「ウォーターストーン」を思い出す。これは黒い石の中央がつくばいのようにくり抜かれていて、その穴の底からかすかに滲みだすように水が湧きでる仕組みになっている。大がめほどもある石は上面がまっ平に磨かれており、溢れた水はその上面に表面張力の限界まで盛り上がり、そしてごく静かに、石をつたい下降する。四方から均等に下降するため、黒い石は常に濡れているという趣向。なんと日本的な美しさよと、僕はかの美術館でその繊細な彫刻の存在に感じ入った。

表面張力と日本。イサムノグチと溢れ酒。何か通底する感覚があるはずだが、多くを語りすぎるとこぼれてしまいそうだ。

消え去った映像

九百枚に及ぶ写真データを一瞬のうちに消してしまった。写真の内容は、僕にとっては海外で初の個展となったポーランドでのポスター展の様子や都市開発で活気づくベルリンを取材したその一部始終、万国博覧会で賑《にぎ》わうハノーバーの記録、そして珍しくスタッフと一緒に休暇を過ごしたスイスの温泉などなど、貴重かつ楽しい映像記録がぎっしり。そのすべてが一瞬にしてゼロ。漫画ならこの場面をどんなふうに描くだろう。「どひゃあーっ」という大袈裟《おおげさ》な擬音とともに足はグルグルの渦巻きでそこら中を走り回るといった感じか。

それは自宅で映像をながめていた時に起きた。妻がデジタルカメラをいじっていたのだが、画面の中央に黒い帯が出現するという事態が発生。んもう、石器時代の感覚でメカに触るからそういうことになるのだ、と、ひったくるようにカメラを取り上げたものの、僕のハイテクに関するセンスもせいぜい縄文人並み。その時も素直にカメラ店に相談に行くべきだった。単なる機器の故障だったと後で判明した。

ない知恵を絞ってあれこれと操作メニューを試した結果、たどり着いたのが「フォーマット」。これがメモリーの初期化、つまりすべてのデータを消去しゼロに戻す操作だった。おお、これだこれだ、画面が二分割されるような「フォーマット」になってしまっているのだ、と、早合点して、僕は嬉々として操作ボタンを押す。すると「キャンセル」か「実行」かをもう一度カメラが聞いてくる。しかしこれが解決のカギに通じていると思い込んでいる僕は躊躇《ちゅうちょ》などしない。ええい、くどいぞ、とばかりにボタンを凹ませる勢いでプッシュ。

その瞬間、なんだか少し嫌な感じはした。メカ音痴ながらも、機械が何やら不穏な処理を始めた気配を察知したのである。しかし時すでに遅し。スイスアルプスも万博もベルリンもポーランドもすべて「無」の彼方へ。壊れたり、破れたり、燃えたりではない。静かに、そして音もなく……。

もちろん、悪いのは僕だ。カメラは指示通り働いた。しかしボタンを押すとすべてが消えるという警告は欲しかった気もする。そういう配慮がおそらくはインフォ（情報）・デザインの優しさなのではないか。

やがて新幹線が今の何倍かのスピードになった時、僕はきっと居眠りをする。そして横浜に行くはずが博多あたりで目を覚し「速すぎるぞ新幹線！」と、文句を言うのだろうなあ。

エレガントなハエ

トイレの便器にハエがとまっている。誰が考えても清潔とは言えない風景であるが、これが極めて清潔なトイレの記号として用いられている事例に遭遇した。それも一度ならず二度も。

最初はドイツのハノーバー駅にあるトイレ。見るからに清潔そうな外観でこれは確か有料であった。男性用の便器の前で、いざ、という時に、はてさてハエが便器の中にとまっている。こんなきれいなトイレにもハエがいるのかしらといぶかりつつ、ええい無礼なやつめ、そこにジッとしていなさい。ふふふ、放水に驚き慌てふためいてももう遅いわ、それそれっ、と男子特有の攻撃性をたぎらせつつことに及ぶのである。が、ハエは驚くどころか、いっこうに飛びたつ気配もなく、真っ白な壁面にへばりついている。要するにこのハエは、リアルに原寸でプリントされたイラストレーションだったのである。

しかしなぜハエを？　わざわざこんなところに？　と考えを巡らせるうちにその理由が判明してくる。要するに清潔さに対して自信があるのだ。常にぴかぴかに磨きあげてある場所だからこそ、逆にそういう余裕がめばえてくるのである。これはデザインの観点から言うと「エレガントの法則」に則っている。

そんな法則聞いたことがない、と言われるかもしれないが、もちろん、これは僕が勝手に考えた法則だからあまり一般的には知られていない。ここだけの話だからよく聞いていただきたいのであるが、エレガントというものは懸命に努力して最高に良い状態を目指してもそこには決して生まれてこない。むしろ自分の美点や長所を知りぬいた上であえてそれを抑制するか、あるいはちょっぴり破たんを加えてやるくらいの姿勢から生まれてくるのである。

優位を自覚した後にそれを誇示せず、むしろ上手にそれを隠す。そういう状況の周辺にエレガントはふっと発生する。

だから磨きぬいた上に「ハエ」という余裕はたいしたもの。これはもうエレガント。したがって、再度このハエに出くわした時にはすっかり「あ、清潔なトイレだ」と素直に認識してしまった。

二度目はアムステルダムのスキポール空港でのことであるから、ハエは既に国境を越えている。確かにここも美しいトイレであるなあと思いつつ、無意識にハエに照準をあわせている。「あ、これはねらいをはずさないための標的でもあったのか?」と新しい発見をしそうになったが、これ以上の発言はエレガントではない。

マカロニの穴のなぞ

マカロニにはなぜ穴があいているのか。理由は三つある。

まず第一にマカロニはゆでて作るので、もし穴がなかったら、中央の芯の部分がゆでにくい。

第二にマカロニはそれ自身は無味なのでソースをたくさん付着させなくてはいけない。だからソースが十分にからまる表面積が必要で、そのために穴をあけて内側にも表面を作る。一部のマカロニには筋がはいっているがこれは表面積アップとソースをからめやすくするための工夫である。

三番目にこれは工業製品であるから作りやすい形であることが大事。マカロニはその断面の形、つまり太マジックで描いたマルのような形の穴から原料を押し出してやればできる。

もちろん、美味しそうに見えることや、長くつきあっても飽きないシンプルさも大事で、穴あきマカロニはそのすべてを満たしている。こう考えると単純なマカロニも実は慎重なデザインの成果であることがおわかりいただけよう。事実、イタリアでは著名な建築家やデザイナーがマカロニを設計している。貝、リボン、渦巻き、アルファベットなど、そのバリエーションの豊富さはご存じのとおり。

マカロニは小麦を粉末原料に還元したあと、それを形にしていくわけであるから基本的にはどんな形でもかまわない。だからマカロニの歴史の中ではおそらく実に様々の形が試されてきた。

かくいう私も、かつて日本の建築家やデザイナーを多数動員してマカロニの競作を実施し、ミラノで「マカロニ展」を開催した経験がある。とても人気を博した展覧会だったが、残念ながら私たちのマカロニは一般家庭のお皿の上で賞味されるには至っていない。現在の市場で生き残っているマカロニはそれなりにテーブルの上で支持され勝ち残ったデザインの強者《つわもの》であり傑作なのだ。イタリアは美味しいものを追求する明るい情熱でマカロニを進化させた。これは尊敬に値する。

ふり返って和食はどうか。日本にはヒモ状の傑作、すなわちうどんやそばがある。イタリアにもスパゲッティがあるが、うどんやそばの簡素さはもっと東洋的。最後は包丁で仕上げる四角い断面は箸によく馴染む。つゆに浸して音を出して啜《すす》りながら食べるのは麺とつゆの量のバランスを食べながら調節するという発想。もたもたしているとつゆが麺に乗らない。食べる方にも技術がいる。ずずーっといい音を出して食べるのが正しい。

手のひらの装丁

二年ほど前に装丁を手がけた新書のシリーズが少しずつ数を増やし、書店でもようやく一〇〇冊を越える幅になってきた。

淡いシルバーが基調色のこの新書は、表紙の中央に白く四角い空間を抱いている。これは書籍が「いれもの」であることを象徴したデザインである。ちょっと大袈裟だがそのイメージのルーツは遥かな太古にさかのぼる。

人類が直立歩行を始めた時、自由になった両手で何を始めたか。一般的には映画『2001年宇宙の旅』に登場する有名なシーンさながら、類人猿はこん棒のようなものを手にし、それを武器のように用いたと考えられている。道具を用いて自らの身体能力を拡大し、世界を加工していく知恵がそこに芽ばえた。しかし直立歩行で解放された手には実は人類と道具のもうひとつのイメージの原形が潜んでいる。自由になった両手を合わせると小さな空間ができる。人類の祖先はこれで水をすくって飲んだ。すなわち「うつわ」の始源がそこにある。

こん棒とうつわ。世界を加工し変容させていく道具と、何かを保存し蓄えるための道具。人間が長い歴史の中で創造し進化させてきた道具はこの二つの系統に集約できる。試しに人間の生み出した道具がどちらに属するかを想像していただきたい。例えば包丁、ハンマー、パワーショベルなどはこん棒系。クルマや電車などは内部に空間を宿すので一見うつわにも見えるが、走るという身体機能を増幅させている点ではやはりこん棒系か。

一方、瓶や食器、箱などはもちろん、衣服や建築はうつわの系統である。紙や磁気テープなど記録のための道具もこちらの系譜。書籍の場合、紙が束になり積層されて本になるというイメージが自然だが、知識を大切に保持する営みの原形として、両手を合わせた空間はより象徴的だ。閉じると一匹の蝶がかろうじてはばたくことのできるささやかな空間ではあるが、コンピューターという無限の知の容器の起源すらここにあるのではないか。

新書は書店の棚で増殖する。それは机の周辺にもいつしか散在し、ポケットやバッグの中にも容易に滑り込む。したがってそのデザインは装丁というよりも環境デザインだ。それが気持ちのいいものであるためには究極のシンプルさが必要。だから手のひらの空間を配した簡素なデザインである。

新書は静かであればいい。しかしそれが知の容器としてどこまで育ってくれるか。それは少し楽しみなのである。

「紙メール」の優雅

電子メールは便利であるが、こういう時代だからこそ「紙メール」がしかるべき情緒を漂わせて届くとドキドキする。

欧米では手紙を書く際にレターヘッドというものを用いる。これは手紙の一枚目の用箋《せん》のことで、一般的には紙面の右上に差出人の名前や住所が美しい文字配列で印刷されている。格式のあるホテルには紋章などが配されており、そうでないホテルにもそれなりのデザインが施されている。企業や美術館なども同様で、このレターヘッドの風格が欧米社会では存外にものを言うらしい。そこに手紙の本文がタイプされ、さらに書き手のサインがぴしっと音の出るほどに決められると、息をのむほどに美しい。

おそらくは、実務的な連絡やおしゃべりは電子メールに役割を譲って、紙メールの方は電子では絶対に運べない情報を届けるメディアとして今後も優雅に進化していくだろう。

こうしたレターヘッドを専門に扱う店が欧米の主要都市にはあって、いずれも長い歴史や伝統を保ちながら現在でも元気に営業している。

ニューヨークには「デンプシー・アンド・キャロル」という店があり、歴代大統領はこの店でレターヘッドを作るそうだ。小さな店だが覗いてみると面白い。大リーガーのレターヘッドとおぼしき、野球ボールが立体的にあしらわれているものや、赤いハートが官能的に紙面の中央に盛り上がっているものなど、様々なデザインが目を奪う。

ロンドンにはボンドストリートに「スマイソン」という店があり、これも英国王室御用達の店である。パーティーの招待状キットやカード類、文具などを売っているが、店の奥にレターヘッドのカウンターがある。やや威圧感のある雰囲気だが僕はここで自分のレターヘッドを注文してみた。

　分厚いファイルを繰って自分の好きな材質のレターペーパーを選び、さらに名前や住所のための書体やレイアウトを指定する。厳めしい顔の中年女性がにこりともせず対応してくれた。注文の品は数週間後に郵送されてくる。僕の仕事場は日本デザインセンターというのだが、送られてきたレターヘッドにはＣＥＮＴＥＲのＥＲがＲＥになっている。誤植か？　と確認すると英語ではＲＥなのだそうで、強引にイギリス流に直されている。

　電子メールではすまないものを、と心掛けているうち、気がつくとわび状やら始末書やら反省文ばかりに利用している。口の悪いスタッフはこれを「どうもスマイソン」と呼んでいる。

ミイラとリサイクル

エジプトのミイラはリサイクル資源として使われていたそうだ。世に「ミイラとりがミイラになる」という言葉がある。捜索者が逆に遭難者になってしまう、あるいは説得しに行った人が逆に説得されて意見を変えてしまうなどの意味に使われる言葉である。ところで「ミイラとり」とは何かをご存じだろうか。おそらくは熱心な考古学者たちのことだろうとお考えの方も多いはずだが、こんな話がある。

エジプトのミイラは考古学資料ではなく埋蔵資源として随分と盗掘にあったそうだ。目当てはミイラを巻いてある「亜麻布」。これは洋麻（ケナフ）を原料とした紙を世に出した農学博士の原啓志さんにお聞きした話である。ミイラが盗掘にあった十九世紀半ばのヨーロッパでは紙の原料と言えばコットンか亜麻布のボロ。使い古した布をたたきほぐし、繊維を水に分散させて漉《す》きあげて紙にした。しかし紙の需要が増すにつれて原料が足らなくなる。そこで目をつけられたのが亜麻布を巻いて大量に眠っているミイラ。嘘のような話だがこれらは盗掘されて包帯をはぎ取られた。さらに信じがたいことにその多くはエジプト国内の機関車を走らせる「燃料」として薪《まき》がわりに用いられた。博士が文献で調べたところ、エジプト鉄道には十九世紀の半ばに約十年間ミイラで機関車を走らせた記録がある。ミイラとりというのはリサイクル資源としてのミイラの調達者たちだったのだ。

異文化に対する不敬も極まったような話だが、僕らはこれを批判してばかりはいられない。リサイクルという考え方はこれからの時代、とても重要になるが、それだけにその扱いには要注意。

もちろん、合理的なリサイクルは望ましい。例えば日本の新聞紙は現在はほとんど再生紙になり、ボール紙や緩衝材など適材適所への古紙利用は優れた事例である。しかし紙をすべてリサイクルの対象と考えるのは行き過ぎだ。紙は幾種類もの植物繊維の配合が多様な表情を生み出す超繊細な製品なのだ。繊維なら何でもいいという風潮は抄紙《しょうし》文化を破壊する。また「白い紙」を市中の古紙で作ると薬品を投与して漂白する際に大量の汚水を処理しなければならず、紙の生産コストも押し上げる。これでは本末転倒。

紙の原料を供給する北米などの森林が計画伐採に進みつつある現状では、資源利用の最適バランスを考えることが重要だ。環境を考えて逆に自然や文化を損なっては意味がない。それではミイラとりがミイラになる。

コンコルドと新幹線

コンコルドが事故を起こした時には衝撃を受けた。その少し前にコンコルドに乗っていたからである。たまたまニューヨークからロンドンに飛ぼうと予定していたチケットにトラブルが発生し「コンコルドに乗られませんか？　半分の時間で着いて、ロンドンでは夕食をとる時間が持てます」などと言われたものだから思わず「イエス」と四回も言った。

コンコルドは美しい飛行機だった。ジャンボ・ジェットなどどこか鈍そうな風体で、飛行機というより建築物に乗り込む感じで緊張感が足りない。それに比べてあのフォルム。「機能美」などという言葉がひと昔前にはやったが、コンコルドはそれを納得させる説得力がある。音速の二倍で地球の自転よりも速く、方向によっては乗った時よりも降りた時間の方が早いのだからタイムマシンのよう。大気との摩擦で機体外部は摂氏一〇〇度前後になり、触ると内側の窓も熱い。これはもう半分宇宙船。急角度で上昇する気分は格別だ。

しかしながらわずか百人（平均四十人）に、キャビアやシャンパンをふんだんにふるまいながら大西洋を少し早く渡らせるために、成層圏に打撃を与えつつ、過剰な燃料を使って飛ぶこの飛行機の未来は明るいわけではない。事故原因を解明して現場に復帰しても、残る十五機の機体の老化とともにこの世を去る運命と言われている。わずか二十数年の命。はかない美しさなのだ。（編集部注・二〇〇三年に全機撤退となった）

さて、コンコルドと比較すると速度的に少し格は下がるかもしれないが、日本の新幹線はマイペースでそのデザインを進化させていて好感が持てる。よく海外の車両デザインがうんぬんなどという蘊蓄《うんちく》も耳にはいるが、世界最速を競っているだけに新幹線の車両デザインには世界のどこにもない独創性があると僕は思う。特にアヒルのような顔をした７００系。最初に見た時にはその異形にあきれたが、あれは単純な走行時の空力抵抗を抑えるだけでなく、トンネルを時速三〇〇キロで出る時のどかーんという衝撃音を緩和するためのフォルムだそうだ。より速く安定して走るために新幹線はアヒル顔になった。

これは案外と人気らしく、その証拠に子供たちはこれに乗りたがる。もちろん、おじさんだって旧型よりは新型に乗りたいと内心は思っている。座席がもう少し広くなってくれると体形のあやしくなった僕などはさらに嬉しいのだが、この点はおじさんはコンコルドの姿を見習うべきだろう。

都市と風呂の未来

スイスアルプスの村に美しい風呂がある。ピーター・ズントーという建築家の仕事である。ここでは石の肌ざわりや、たちこめる湯気に差し込む外光、そして洞窟の闇などが印象的に味わえる。設計者はトルコやハンガリーの古い温泉を訪ねて人間と湯に関する考察を深めたという。それはひと言でいうと「瞑想《めいそう》の空間」である。

土地に産する石を帯状に積層させて用いた建築空間は、半分地下に埋まった巨大な直方体。一部は屋外プールのように空に開放されているが、大半は地中にめり込んでいる。水平・垂直がはっきりした屋内は複雑に分岐し、そこに湯が張られているので湯の迷路のようだ。迷路の行く先は一カ所からは見えない。

床、壁、天井を被う石が重厚な緑色なので浸水したホテルのロビーのようでもある。刃物で切ったような天井のすき間から細い外光が漏れ、小さな照明が天井からつり下げられているだけで室内はほの暗い。小部屋がいくつかあって黄色い花弁が舞い踊る湯や、洞穴のような原始性を感じる場所もある。黒いゴムの幕を押しあけて入るサウナ室は幾重にも奥へ奥へと連結されている。湯気のたちこめる室内は天井から黄色い光がひとすじ落ち、宇宙人にでも出会いそうな雰囲気である。シャワーも変わっている。両手で大きな取っ手を持ち腰を入れて栓をひねると、はるか頭上から水の塊がどかどかっと頭に落ちる。休憩室には優美な寝いすが並び、その一つ一つの正面に正方形の小さな窓が開いていて寝転ぶと山が見える。

それに比べて最近の日本の風呂はジェット水流の遊園地のようになってしまった。湯に触れて瞑想的な時を過ごすという発想が日本の新しい浴場に見当たらないのは残念。もちろん、檜風呂や露天風呂は快適であるし、地方の温泉旅館には優れた事例も多い。

ただ、ズントーの浴場を見て思ったのは、優れた着想とデザインで風呂は超現代的な文化施設になるということ。ローマがそうだったようにそれは都市でこそ有益だ。想像していただきたい。未来の美しい浴場は場末でなく堂々としたロケーションにできる。例えば百貨店の屋上や超高層ビルの上層階である。美術館に比肩できる文化性を持った風呂だ。そこでエネルギーの再創造を行う。僕なら毎週でも行くし、外国からお客が来てもまっ先に案内するだろう。そんな風呂が本当にできたら東京もさぞ快適になるだろうなあ。

「割れしいたけ」の実力

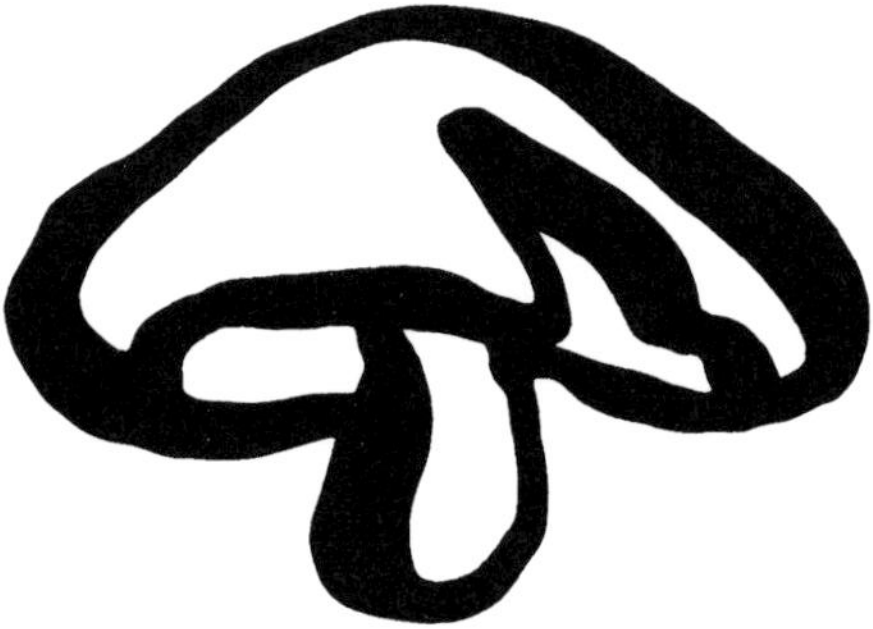

海外ブランドがますます幅をきかせる昨今であるが、日本には「無印良品」というブランドがある。いまさら説明するのも野暮だろうが、たとえば、同じ味や品質なのに、割れたり欠けたりしているために商品にならない「割れしいたけ」や「割れせんべい」などが発売された時にはとても共感した。不要な装飾やいたずらに高級な素材を使わない日用品という発想にも納得させられる。

こういうデザインは難しいはずだが、上手に定着された商品が多い。衣料品などはファッションという微妙な要因が入ってくるので案外難しいかもしれないが、この発想は世界に誇れる知的成果の一つだと思う。

部外者のおろかな空想としては今後は家電やクルマ、コンピューターソフト等の世界か、あるいは一転して農業分野への進出などが想像できる。

「農」というのは今世紀に脚光を浴びる産業のひとつになると僕は思っている。「水がきれい」であるとか「キャベツが美しい」というような価値観がこれからは大事になり、生活への高い洞察力、そして優れた企業センスを持った人たちがその世界をすてきにリードするだろう。

さらに空想は進むが、無印良品がプロ野球チームを持つというのはどうか。いわゆるスター選手ではなくて、割れしいたけみたいに地味だけど実力は確実にある選手ばかりを集める。ホームランを派手に打たないかわりに味のあるヒットを量産するバッターや、球は遅いが投球術で打者を手玉にとる四十過ぎのピッチャー、効率いい動きをする熟練の内野手などを集めて見巧者《みごうしゃ》をうならせる野球を展開するのだ。

その場合、監督はやはり勘ではなく論理で指揮をするタイプがいい。プレーは一見地味だが戦術の切れ味は派手なのだ。

もちろん、これは有名選手ばかりを集めた一流ブランドのチームを否定するという短絡的な発想ではない。そういうチームはさらにもっともっと戦力を強化して、嫌われるくらいに強くならなくてはいけない。そういうチームを芸術的に負かす醍醐味《だいごみ》を巧みにプロデュースしていく視点こそ、プロ野球全体の経営センスに必要なのである。

無印良品というブランドのユニークな点は強力な一流ブランドの理不尽なほどの君臨が存在の前提にあること。君臨するメジャーブランドを鋭く合理的なコンセプトでうち負かす。そんな野球チームができたらそのユニフォームなど、ぜひデザインしてみたいものだが。

ガムテープが運ぶ物

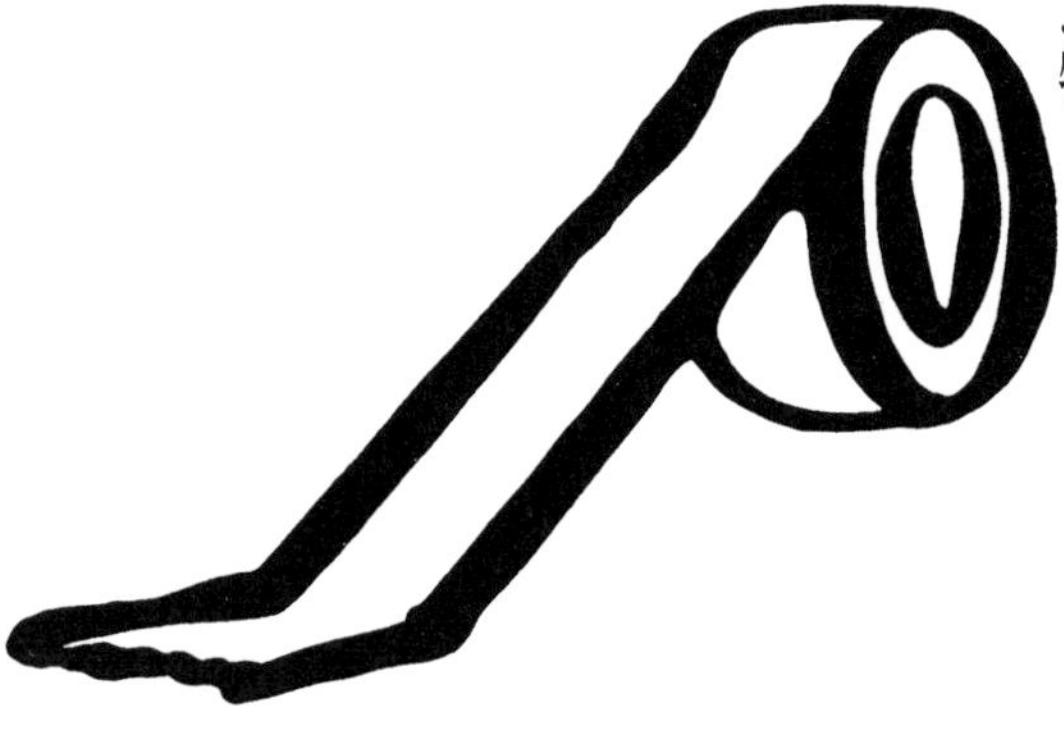

二〇〇五年「愛知万博」のPRグッズのデザインの依頼を受け、ガムテープを提案し、その一部が完成した。

なぜガムテープかというとメディアとして面白いと感じたからだ。通常、ノベルティグッズといえばボールペンやコーヒーカップなどの日用品に始まり、高級なものになると著名な作家の工芸品などが登場する。そこにマークを入れて世間に配布するわけだが、今日のように「モノ」があふれかえっている時代に、それらにマークを入れて配布しても喜ばれはしない。

仮にそれが優れた工芸品でも、マークが入っているためにせっかくの情緒が台なしになる場合も多い。したがってそういうものでは未来を標榜《ひょうぼう》する博覧会を印象づける役割は果たせない。そこで超実用的かつメディアとしても活躍してくれそうなガムテープを登場させたという次第。

ガムテープには幅広の七・五センチのものがあり、これに草亀がのそのそと歩いている風情や、コイが深緑の水面を群れ泳ぐ光景、不思議な植物が群生している様子などの絵柄を配し、三種類制作した。いずれもグラビア印刷で豊かな色彩にあふれている。

ガムテープを品質のいいカラー印刷物に仕上げるには思いのほか苦労した。テープはもともとクラフト紙という丈夫な紙でできているが、落下などの衝撃に耐えられるように、紙に特殊な加工が施されている。つまり、テープ表面に細かいシワが入れられていて衝撃時にこれが伸びる。その伸びが衝撃を吸収するように設計されている。したがって、シワによる表面の凹凸がインクの定着をさまたげ、美しい印刷の邪魔をする。

試行錯誤の末、研究熱心な印刷技術者たちの誠意と努力のおかげで、ガムテープはカラー印刷となった。

テープには万博マークが白抜きで入る。万博のマークは点線状の太い輪である。これは「アテンション」を意味するもので、マークの付された対象物への注意を喚起する力を持っている。

自然物への注意を促すこのテープが世に出ると、段ボールや大型封筒などの郵便物はさりげなく「自然の叡智《えいち》」という万博のメッセージをささやきはじめる。

もとより、この小さなメディアに多くの情報は運搬できないが、こういう小さなところにデザインの神様は宿るのだ。気づかないうちに案外と豊かなコミュニケーションが生まれはじめるかもしれない。

傘のかなしみ

傘の柄《え》が透明シートに覆われるようになって久しいが、あれは何のおまじないか。たぶん、清潔ブームの一端で、新品を強調した演出なのだろう。確かにタバコや写真フィルムの外箱のように、ふたに後戻りできない封印性を持たせないと商品の品質保証をしにくいものもある。しかし傘はそうじゃないはずだ。しかも買った後も透明シートを外さずに使っている人が多いのも解せない。

最近では五、六百円で立派な傘が手にはいる。大切に使えば二年ぐらいもつが、この安さはなんだか切ない。生産コストの安い国で大量に作られ、日本に運ばれてふんだんに消費されている様子が目に見えるようだ。

電車の忘れ物の中で圧倒的に多いのも傘である。ＪＲ東京駅の遺失物取扱所の話では、ひと雨降ると七、八百本がここに集まるそうだ。

ここに五日間保管され、引き取り手が現れるごくわずかの例を除いて、そのほとんどが警視庁の管轄に移される。ここで半年と十四日間保管された後に処分されるという。百貨店などで遺失物の傘が格安で売られているのを見かけることもあるが、冒頭の話の通り、過剰な清潔好きの日本ではリユースされるものはごく一部だろう。

遺失物の取扱所は東京駅だけではなく都内では新宿と上野にもあり、忘れ去られる場所がJRの電車の中だけではないことを考えると雨が降るたびに膨れ上がる傘の悲劇の累積は想像を絶する。

こんな話が記憶の片隅にある。ある冬季オリンピックで、屋外の観覧席に架ける屋根の設計コンペがあり、そこで採用された案は観客全員に傘を貸すというものだったという。どの大会だったか事実を確認できていないので、例え話として聞いていただいた方がいいかもしれないが、少なくともこの話をきっかけに、傘は建築なのだ、という認識が僕の心の中では小さく芽生えた。

傘を「道具」と考えると、これはあきらかに個人が所有し愛着をもつべきモノだと感じる。しかしこれを携帯できる一人用の屋根だと考えるならば、これを都市機能の一環として社会共有のものにしてしまうという発想も悪くない。

もちろんこれはデザインの樹の上で昼寝をする僕の勝手な妄想である。傘を公共物として行政側が無料で提供し流通させても、管理上の新しい問題を生むだけで、モラルの問題は未解決のまま残ってしまう。やはり傘が持ち主の愛情をとり戻す手立てを考えた方が近道なのだろうなあ。

響き合う食の旬

近ごろ、旨《うま》いものが食べたいと思ったらサンフランシスコを思い浮かべる。食欲は正直だ。

サンフランシスコ近郊のバークレーに「シェ・パニース」という店がある。この主人、アリス・ウォータースさんという人は「旬」の食材をおいしく食べる、というものすごく基本的なことを徹底することで、新しい料理の潮流を生み出した。これが発端となってカリフォルニアの料理に洗練が生まれた。三十年ほど前の事だそうだ。この店の厨房《ちゆうぼう》は「オープンキッチン」、つまり客室との境の壁がなく料理人たちの働く姿が見える。現在では、日本でもこのスタイルのレストランも多いが、そのルーツはこのあたりにありそうだ。

「シェ・パニース」には限られたメニューしかない。これは旬の有機野菜をとれた日に供するためだ。僕が訪れた時は、最初の一品に小さな赤カブがひとつ。これを塩もつけず、そのまま食する。生で？　という疑問が、食べた瞬間に晴れる。それほどその味覚は鮮麗で、ここから料理人の術中にはまる。日本的とすら感じるさらりと極まった料理は実に気持ちがよく、自然の恵みを堪能する感動に満たされてくる。注目された後も、淡々と高い品質を供し続けるこの店が周辺に強い影響をおよぼし、実際にこの店を巣立ったシェフたちの活躍によって、食材を高度に生かす料理店が増えた。

一方、ナパ・バレーに代表される近郊のワイナリーも活気がある。ワインの品質の向上もさることながら、ここに足を運ぶと、ぶどう畑に点在するワイナリーの現代建築に目を奪われる。フランス、ボルドーの、城（シャトー）を中心に据えたぶどう畑の景観も素晴らしいが、それとは一線を画する新しい景観が生まれはじめている。要するに伝統を現代に接ぎ木する独創性がここに芽吹き、そのオリジナリティがこの地の食文化に一層の力を与えている。

有機農法による食材が料理店で評判になると、農業も元気が出る。そして野菜に精気が満ちるとそれを売る生鮮食料品店の空気が違ってくる。大型食料品店の売り場には巨大な素焼きの皿が並び、見事に陳列された野菜たちの姿はまぶしいほど魅力的だ。街角で展開するファーマーズ・マーケットも活況を呈していて、これは有機野菜を食卓にのせることへの市民の興味が支えているという。

食の充実は食器やテーブルウエアなどの生活雑貨のデザインやインテリアなどにもよい影響を与えている。だから今、この地域のちょっと気のきいた店で食事をすると本当に気持ちがいい。街の食文化が響きあって複合的な旬を迎えている。

文字を〝生ける〟作法

文字や文字群をどう配すべきかという、いわゆる「レイアウト」の作業はこれまではプロの仕事だった。しかし今日、コンピューターソフトの登場で、素人が簡単にこれに触れるようになって、文字たちは少々行儀が悪くなった。これを専門家の目で見、関西弁で表現すると「えげつないことですわ、ほんまに」という感じだ。特にホームページや年賀状などがつらい状況にある。

もちろん、テクノロジーの進化にあわせて文字はもっと新鮮な表情になればいいし、紙や印刷の古いルールをそのまま新しいフィールドに引き継ぐ必要もない。しかし文字表現に作法がなくていいというものではない。

日本人の場合、子供のころに「お習字」というものに触れる機会があるので、上手な書き文字に対しては理解を示す。けれども「活字」

には相当にうとい。

一般的に用いられる「明朝体」は中国で生まれ、日本で洗練を加えた書体だが、独自の美しい形を持っている。横線が細く縦は太い。角はウロコと呼ばれる三角形のアクセントが配され、文字にめりはりを与えると同時に、読みやすさも助けている。中国で象形文字が発明されて実に数千年かかってこの形に到達した。そういう密やかなものに、文化の質を支える美が潜んでいることに気づいてほしい。

また、文字の大きさやその間隔、そして行間などを吟味して、凛《りん》とした緊張感や風格をそこに生み出してきたのが「組版《くみはん》」という技術である。アルファベット圏でも文字の組み方は相当に厳しく吟味されるが、基本は文字の大きさと字間と行間。文字あしらいの奥義はこれに尽きるようで、欧米のグラフィックデザイナーはここを徹底的に鍛えられる。

漢字と二つの仮名、アルファベット、数字が混在する日本の組版は相当に難しいのであるが、長年の専門家の努力によって、世界でもまあまあ、というレベルまで達しかけていた。そこにIT（情報技術）革命である。メディアの大衆化によって文字や組版は混沌《こんとん》の波間に沈没しかけている。

そこで提案だが、一般の方々もメディアを操作する素養のひとつとして、お茶やお花をたしなむように文字を優雅に制御する作法を身につけてはどうだろう。これからの活字の文化を担っていくのはプロだけではない。「乱筆にて失礼」などというような、ちょっと丁寧な気持ちを文字の配し方に持つだけで世界は変わっていくのだ。

そうなったら僕も「ハラ流」なんて看板でも出してみようか。

龍が目を覚ませば

ラーメンどんぶりの縁にはたいてい、四角い渦巻きか龍が帯状に描かれている。実はここに中国四千年の装飾の歴史の「はじめ」と「終わり」が凝縮されている。

龍のルーツをたどると渦巻き紋様に行きあたる。殷《いん》、周から前漢あたりまでの青銅器をまとめて見るとよくわかる。もし観光旅行で台北の故宮博物院あたりに立ち寄られたら、試しによおくご覧いただきたい。

古来より中国の装飾は紋様でびっしりと物の表面を覆いつくすという特徴がある。初期の青銅器の表面はほとんどが渦巻きの連続。おそらく密度を描き出すひと筆描きパターンとして渦巻きが便利だったからだろう。物の表面を密度ある紋様で埋めると、そこに強いオーラが発生する。まさに「どひゃあ」と恐れ入る感じである。気の遠くなるような作業の集積による畏怖《いふ》すべき成果が、それに触れる人々の心に波風をたてるからだろう。盛衰を繰り返した古代の王様たちは、獲得した覇権を広い領土に強くアピールしていく必要があった。つまり緻《ち》密《みつ》な渦巻き紋様のパワーは王朝の威信を四方世界に広告するブランド戦略の一環として利用されたのだ。

やがて渦巻き紋様は多くのバリエーションを生んでいく。紋様がさらに渦巻き状に枝別れして手足の生えたようなものやスペードの形に似た頭部をもつものなど……。それは次第にはっきりと生き物の特徴を備えるようになる。混沌の中に具象を見立てていくのが人間の創造性であり、ひとたび手足や頭が備わるとそれは急速に「龍」へと進化する。

龍は想像上の生き物を絵師が描いたと思い込んでいたのだが紋様の

変遷はそう語ってはいない。渦巻きから見立てられた動物が逆に逸話を育み、長いひげや鼻先、四本とも五本ともいわれるつめなどを龍に付与していったのだろう。

そういうわけで、ラーメンどんぶりの縁には渦巻きと龍のはじまりと終わりの物語が眠っている。しかし龍はこのままおとなしく眠ってはいないだろう。四千年も継承されてきた希有なデザイン資源だ。王朝時代のシンボルといえども、現代中国の活性とともにきっと目をさます。北京オリンピックなど、いい契機になるかもしれない。

もちろん、文化資源として活用されるなら楽しみだ。例えば旅客機の機体にこれが配されるなら、そんな飛行機で中国に飛ぶのも悪くない。唐突だが宇宙船の胴体への展開なども可能性はあるだろう。なかなか二十一世紀的な光景であると思うのだが、いかがだろう。

ピラニアの味

釣りの趣味はないのだが、一度ピラニアを釣ってみたいという衝動にかられて、妻と二人で、アマゾンのアリアウ・ジャングル・タワーという宿泊施設に滞在したことがある。アマゾンへのアクセスの拠点、マナウスから船で三時間、そこから小型ボートに乗り換えてたどりつく秘境の宿だ。

マナウスでは海のようなアマゾンが、支流に分け入ると川らしい川幅になりジャングルの景観が急接近する。季節によって、水位が劇的に変化するために、木製のロッジはすべて高い柱の上に乗っかっていて、それぞれの建物が、やはり高床式のブリッジで結ばれている。動物が入り込まないように建物の周囲には目立たない網が張り巡らされている。寝るのは固いベッドかハンモック。すべては切実に機能的なしつらえで、ジャングルの風情を味わうにふさわしい。最上階は火の見櫓《やぐら》のようなタワーになっていて、ここから双眼鏡で眺めると密林のナマケモノなどが見える。真下を見下ろすと、湿った草むらを巨大なトカゲのような影が移動している。日本では見かけないタイプの頭の小さくてスマートな猿が数匹、気を許すとすぐに肩や頭の上に登ってくる。極彩色のオウムが威厳に満ちた態度でテラスの手すりにとまっている。

ピラニア釣りは簡単だ。一メートル半くらいの適当な棒の先に太めの釣り糸と大きめの針を結びつけるだけ。針に牛肉の赤身をひっかけてどぶんと川に放り込む。ガイドがボートで運んでくれた釣りのスポットだが、まあどこにでもピラニアはいるのだ。川面を竿《さお》の先でばしゃばしゃと引っかき回してピラニアを刺激してやると、瞬く間にぐぐっという強い引きがくる。これを川から引っこ抜くように持ち上げると、糸の先にはどう猛な魚がギロギロと目をむいている。ものすごい歯はペンチのように強力で、ガイドはこれを客に触らせない。危険なのだ。これを釣った妻は動揺して竿を振り回し、僕の顔にそれを正面からぶつけた。

ピラニアは大漁で、僕らはそれを宿に持ち帰り夕食時に食べた。煮ものだったが土臭くてまずかった。

ジャングルの中ではロッジはいかにも弱々しい。強烈な自然に身を置くとこのロッジのような人工物がとても愛しい。自然に優しいデザインなどという言葉もここでは虚しい。自然は強靭《きょうじん》で、風は人間のために吹いているのではない。そういうことをひしひしと噛みしめつつ、まずいピラニアを食べた。

アマゾナス劇場

アマゾン中流の街、マナウスにはオペラハウスがある。場所柄から質素なログハウスのようなものを想像されるかもしれないが、そうではない。こんな僻地《へきち》によくぞ、と感嘆する威風堂々たる建築デザインだ。西洋人がオペラハウスを作るエネルギーは一体どこから来るのかと、時々あきれる思いがするのだが、これを見てもやはり同じ印象だった。

マナウスはかつてゴムで栄えた街だ。アマゾンのジャングルでとれるゴムの集散地として栄華を極めたそうだ。このオペラハウスはその名残で、ゴムで財をなしたポルトガル人がパリのオペラ座を意識して作らせたそうだ。劇場入り口の馬車まわしのアプローチには、ぜいたくにもゴムが敷き詰められていて、馬車はその道を音もなく滑るように客を運んでいたらしい。まさに異境の地での文化の異様な興隆である。これを日本にあてはめると、大相撲をアマゾンに持っていくようなものか。ゴムの土俵に地球の反対側から力士を呼び寄せ、ひと場所を興行する。ただし相撲の土俵なら比較的簡単に作れそうだが、オペラハウスはそうはいかない。伊勢神宮と春日大社を一緒に持って行くぐらい大変だ。おそらくはこの大変さ、困難さこそが人をして僻地にオペラハウスを作らしめる情熱の根源なのかもしれない。

しかしアマゾナス劇場のオーナーはオペラではなくゴムのことをもっと考えるべきだった。アマゾンのゴムにはＡＢＣと等級があって、一番品質のいいＡだけが高い値で取引されていたそうだ。しかしＡばかりをとろうと思ってもままならない。ゴムの採取場所はアマゾンの密林。極めて生産性が悪い。そこに目をつけた頭のいいイギリス人がＡの苗木をマレーシアへ運んで、大規模なプランテーションを始めてからというもの、アマゾンのゴム産業は凋落《ちょうらく》の一途をたどった。

社会科の授業では「マレーシアといえばゴム」と教えられてきたので、初めからそこにはゴムがたくさん生えていたのだとばかり思っていた。それがアマゾンから飛び火した産業だとはマナウスのオペラハウスを見るまでは全く知らなかった。

アマゾナス劇場は確かに文化にうつつを抜かした夢の遺跡だが、昨今の世界の、目先の欲を追いかけてむなしく泡を膨らませてはしぼむ目に見えないビジネスに比べると、遥かにロマンチックだし人生の幸福の手ごたえを感じる。デザインは虚業よりもロマンに奉仕したい。

サハラでの体験

街で立ち小便をする情景が見られなくなった。数年前までは銀座界隈でも夜ふけになると電柱の陰やビルのすきまにそれらしき人影が出没した。

男たちは、いけないと知りつつも「まあ仕方ないか」という寛容を共有していた。しかしそういう奔放《ほんぽう》さが「男らしい」という認識から「オヤジ」という概念へと変わりはじめて以来、男たちは萎縮《いしゅく》し、街で立ち小便ができなくなったのかもしれない。

もっとも、都市ではお勧めできないが、これを大自然の中で行うと実にすがすがしく気持ちがいい。それを趣味と呼ぶのはおおげさだが、僕は大自然に向けて放出するのが好きだ。その記憶を反芻《はんすう》するだけでストレスが少し減るような気がする。

これまでで最も印象的な場所は、サハラ砂漠である。広告写真を撮影するロケで、数人でチュニジアのサハラに深く入り込んだ。砂丘がはるか地平線を越えて連綿と続く広大な砂の海。当然のことながらトイレはない。したがって人目を避けるために十メートルほどの砂丘を二つほど越えた場所で行う。砂漠にぽつんと独りきり。全視界には砂と空だけ。

サハラの砂は、砂というよりパウダーと呼んだ方がいいほど細かい。両手ですくって空中に放り投げてもどさりとは落ちず、地面にかすかな影を生んだ後、空中で四散して消える。

そんなサハラの大地に向けて事を行うのだが、そのタッチはかなり特殊だ。乾燥し切った砂が完ぺきに水分を吸収するため、表面には何の痕跡も残らず、地面に接する一点で完全に砂に吸い込まれていく。それは本当に異様な感触で、まるで地球と自分のはらわたが一本のヒモで結ばれ、自分の体内にあるものをみるみる自然に吸いとられていく感じ。その状況はこんな妄想を生む。自分の発する貴重な水分に砂漠中の生物が反応し、その一点へ向かって猛烈な速度で地中を移動してくる。そのイメージは刹那《せつな》的に強い恐怖へと変わる。

妄想におののき、あたふたと事を終え、その場を退散すべく砂丘を登る。丘の上から振り返ると、風紋を刻んだサハラの雄大な景観の中に、Uターンした間抜けな足跡が点々と続いている。それは恐くもあったが自然とリアルに交流した実感を記憶に刻んでいる。

たぶんトイレというものは「処理」ではなく行為を豊かにする装置になるはずだ。そんなものがきっとデザインできるだろう。砂漠を反芻しつつもう一つ妄想を加える。

記憶のデザイン

僕の家にはネコの額のような庭がある。五年前のゴールデンウィークに奮起してシャベルで掘り起こし、地中に埋まっているコンクリートの破片やら石やらを徹底して取り除き、芝を植えてから少し庭らしくなった。折からのガーデニングブームで妻が見知らぬ名前の植物を次々に植えた。

今年、僕の好きだった植物が寒波にやられて元気がなくなった。それを妻に問いたいのだが名前がわからない。「あの草はなんという名前なのか」ときくと「へそくりサム」だという。へそくりサム？　へえ、変わった名前だなあと、一瞬驚いたがそうではないらしい。ただしくは「ヘリクリサム」というのだが、覚えにくいので、歌手の安室奈美恵さんの亭主（SAM）がへそくりをしている、つまり「へそくりサム」と暗記しているというのだ。なるほど。しかしそこまでしてその植物の面倒な名前を正しく覚えてどうするのか。名前を教わった立場を忘れて僕は少し怪訝《けげん》な気持ちになった。教育の弊害で僕らのアタマにはいまだに物事の名称や年号は正しく記憶しておくべし、というのが残っている。妻は心のどこかでまだ抜き打ちテストや定期試験に備えているのかもしれない。

しかしこの語呂《ごろ》合わせの場合、問題なのは記憶した語呂そのものを思い出す仕組みができていない。例えば、ある有名なかつらのＣＭ「見よいくろぐろ（電話番号）」や鎖国の始まった年号「トムさん苦しい（一六三九年）」などは語呂の情景と記憶すべき事柄が、うまく関係づけられているので思い出せるわけである。しかし植物と「へそくりサム」の場合はそこが全くつながらない。それを成り立たせるためには、例えば「いかがわしい奴らが庭に生えている」というおおまかな認識を成立させておかなくては記憶の糸口がない。要するに「へそくりサム」と一緒に「ネコババトム」とか「万引きジョー」などというキャラクターを一つのグループにして庭と関連づける。そうしてはじめて、えーとだれだっけ、そうそう欲ばりトムじゃない、えー、万引きジョーでもない、うー、へそくりサム。でもって「ヘリクリサム」というふうに何とか記憶をたぐりよせることができる。

デザイナーというのは基本的に情報の整理整頓が仕事であるから、そういうことをあいまいにしておくわけにはいかない。

というわけで、僕は「ヘリクリサム」を正しく言えるようになったが、おかげで我が家の庭は怪しいイマジネーションで満たされている。

マヨネーズの穴から

マヨネーズのノズルの穴の形。実にささいなものだがこれが野菜の上のマヨネーズの姿を決めている。円か星型か、細長いスリットか、あるいは小さな穴の集合か。それによってサラダの上のマヨネーズの様相は、棒状、デコレーション状、きしめん状、ちぢれそば状などに変化する。

「マヨネーズ」ができるまでのプロセス。それは石油の採掘に始まる気の遠くなるようなものづくりの道すじをたどっている。

大地に巨大な石油採掘施設が構築される。その中でごう音を響かせながら、ポンプは地中から原油をくみ上げる。それはパイプラインや貯蔵タンクを経由し、港で巨大なタンカーへと移され、地球規模の距離をゆっくりと移動する。やがて石油化学コンビナートに運ばれ、それは精製されていく。そしてその内のごくわずかがマヨネーズの容器になる。

一方、中身の生産ではにわとりが活躍している。彼らは養鶏場でひたすら毎日飼料をついばみ卵を産む。その卵は食品工場に運ばれて、おそらくは巨大なタンクに投入され、油やその他の成分と混ぜ合わされ、うすベージュの半固形の食品に仕上げられていくのだ。

石油から生まれる容器と、にわとりから生まれた食品は工場で出会い、中身が容器に注入され、封印され、薄いビニールの袋におさまってようやく「マヨネーズ」という製品に仕上がっていく。

さらにこれはテレビコマーシャルなどを通じて、宣伝される。きれいな映像と広告コピーが野菜を食べる喜びを説く。その勢いに押されてマーケットを通過し、それはついに運命の食卓へと進む。皿の上の野菜に照準をあわせ、いざ成就、というマヨネーズの一生にとっての決定的な瞬間を演出するのが穴の形。

壮大なプロセスの果てに「ぴゅっ」と絞り出される小さな結末。勝負は一瞬である。まあ、本当に他愛のないことだが物事の性質は、このような一瞬に左右される。

考えるに、デザインはある一面ではマヨネーズの穴のようなものだ。生産という遠大な営みの最後の最後の局面で人類のささやかな幸福のためにひと工夫する。ほんのひと工夫だが、そこで物事は品格を得たり台なしになったりするのだ。

もちろん、マヨネーズの穴はデザインの象徴ではない。ただ、しっかりと目をこらすなら、そこから人類の営みの一端を覗《のぞ》くこともできる。デザインの小さな哲学はそういう場所に潜んでいる。

白の心意気

銀座のM百貨店が新しくなった。同時に銀座の空気も少し変わった。僕はデザイナーとしてこのリニューアルのお手伝いを少ししている。そこでちょっと銀座の話をしてみたい。

僕の仕事場は銀座の端っこにあり、働きはじめて以来十八年、銀座通いが続いている。だからリニューアルのお手伝いの話があった時には、他人ごとではなくて、なんだか町内の活動に参加するような気分がわいた。

M百貨店は通りに百メートル以上面しており、ここが新しくなるということはまさに町内の一大事。だまって観ているわけにはいかない。景気が低迷して元気のない日本でもあるし、シャンゼリゼやニューヨークの五番街の向こうを張る代表的な目抜き通りがしっかりしないと勢いが出ない。

また、渋谷や原宿の活気もいいが、若さや現代性はもう少し違った情緒として表現されてもいいんじゃないかという思いが長く気持ちの底にあった。粗雑さや喧噪《けんそう》、そして子供っぽい未成熟さは確かに街を息づかせる魅力だが、若さはそれだけではない。

もちろん、銀座を「大人の街」などときめつけるつもりも毛頭ない。銀座の遺伝子のままに生まれ変わる現代性に共感する若者だってきっと大勢いるはずだ。

こんなふうに言うとまるで江戸の町火消しの強引な地元びいきのようだが、確かにそういうところもあるかもしれない。デザイナー風情にもなじみの街への愛着がある。

僕のお手伝いのポイントは、簡単に言うと、白という色彩の運用であった。多くの世界ブランドを受けとめる百貨店には多様な価値観をしっかりと包括できる品格がなくてはいけない。この百貨店にはすでにそういう素地があり、それを顕在化させるために、白という色彩の持つ刷新性、気品、現代性、よき背景性などの特性を生かしてみたいと思った。それと同時に、これが新しい銀座のイメージではないかと、この街に時間を過ごす者の直観で感じたのである。提案は百貨店の理解を得て、それぞれのパートの計画に反映されていった。

包装紙やショッピングバッグから、インテリア、館内サイン、夕方になると淡く静かな光を放ちはじめる外壁まで白。

最良の清潔感を演出する白は、維持も大変だが、それだけにお客をもてなす心意気をぴしっと伝えられる色彩でもある。そんなふうに僕は思っているのだが、通りを行き交う人々はこれをどう受けとめているだろう。

四角い理由

「リ・デザイン」という展覧会を二〇〇〇年に企画し開催した。リ・デザインとはデザインのやり直しである。日常的な物品を対象に、明解な思想を持って仕事をしている第一線のクリエーター三十二名に、それぞれ異なるテーマで依頼し、新しくデザインし直してもらうという試みである。参加者の領域は、グラフィック、建築、プロダクト、照明、ファッション、写真、文筆など幅広い。しゃれやウィットではなく真剣にテーマに向き合っていただいた。

ここでご紹介するのはトイレットペーパー。このテーマは建築家の坂茂《ばんしげる》氏にお願いした。坂さんは「紙管」、つまり紙の筒を素材とする建築で世界的に有名である。昨年のハノーバー万博では日本館の設計をやはり紙管で手がけて世界の注目を集めた。紙管建築の独創的な点は、一見ひ弱に見える紙素材に、建築に活用できる強度を見いだしたという点だけではない。むしろ紙管という素材が、小規模の機械設備で世界中どこでも生産でき、役割が終わればリサイクル資源として循環できるという点への着目にある。これを坂さんは、地震などの被災地のための仮設住宅等に利用し、神戸をはじめ世界中の被災地を飛び回ってはそこにふさわしい建築を考案し、実現している。ルワンダ難民キャンプでも、紙の難民用シェルターが切実な局面で働いている。

坂さんが提案したトイレットペーパーはやはり紙管に着目したもので、普通は円筒になっている芯の部分が四角である。芯が四角いとロールは必然的に四角く巻きあがる。

しかしなぜ四角いトイレットペーパーなのか。ここがこのデザインの大事なポイントである。これを器具に装着して使うと、紙を引き出す際にカタカタという抵抗が生じる。丸いロールだとスルスルーッと、つい必要以上の分量を引き出してしまうが、抵抗があるとその無駄がなくなる。つまり省資源のメッセージと機能を両方含んだトイレットペーパーになる。さらに四角は丸にくらべて積み上げた際のすきまが少ないので、運搬やストックに無駄がない。

デザインの醍醐味はプロセスにある。何を意図するかという計画の中に感動があり、それはだれもが作者と同じ視点でたどることができる。そしてその価値観を共有できる。それは身近であるほどにリアルだ。四角いトイレットペーパーにも建築家、坂茂の視点が、ゆがみなく正確に包み込まれている。

心を通わせる布

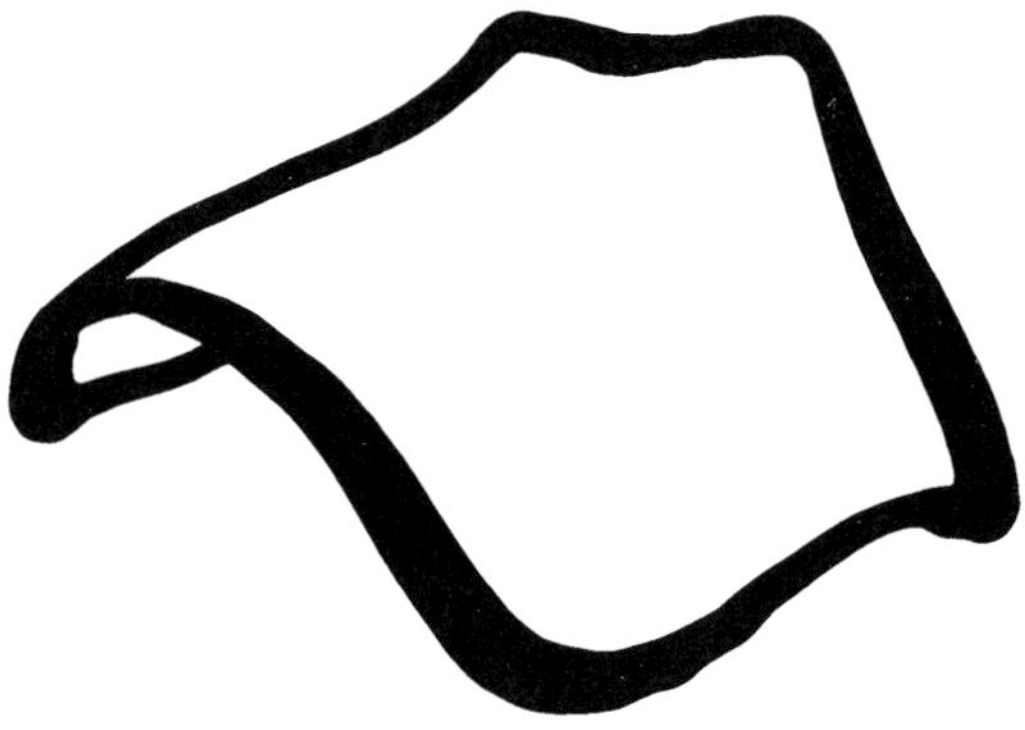

一流レストランのテーブルクロスは白い。その理由をご存じだろうか。食事をするテーブルは汚れやすい。だから管理の手間をはぶいたり、汚れを隠す方向に意識が働くならば、ビニール素材や、濃い色の選択もある。だから、汚れやすい白い布をわざわざ用いるには当然、理由がある。

気持ちのいいテーブルを供するためには常にこれを最良の白さに保っておかなくてはならない。だれもがそう思う。だから逆にそれを常にしみひとつない洗いたての状態に保っておくことで、レストラン側はそのサービスの良質性をお客に伝えることができるのだ。つまり一流のレストランではテーブルクロスを店の意識を伝達するメディアとして使っている。

この同じ原理を僕は病院のサインシステムのデザインに運用してみ

たことがある。サインに空間の案内標識の他にもう一つ別の機能を担わせてみたわけである。

山口県光市にある産科、婦人科、小児科のU病院のサインは、白い布でできている。これは簡単に着脱できるようにゴムが取り付けてある。それはソックスをはきかえるように、土台の部分に対して付け外しができる。布であるから当然、クリーニングができる。比較的安価なので、スペアも数枚用意した。

これは病院側に余計な仕事を増やしてしまうことにもなるが、病院はシーツなどのリネン類のハンドリングには慣れているはずだと考えた。もちろん、シーツのように頻繁に洗うものではない。また、U病院は母乳による育児や、赤ん坊を母親の腕の中にできるだけ置く身体接触を大切にする育児指導で、ユニセフと世界保健機関（ＷＨＯ）からベビー・フレンドリー・ホスピタルの認定を受けているような、細やかな気遣いを重んじる病院なので、この発想を展開する場としてふさわしいと感じた。チョコレートを食べた手で子供が触って汚すかもしれない布のサインであるが、それが常に清潔に保たれることによって病院側の、まさにホスピタリティ（もてなしの気持ち）が来院者に伝わるのである。

妊婦は病人ではない。だから競争原理の中で病院のサービスもホテル並みに変わってきているとも聞く。しかし、やはり生命を見つめる切実な場所であることに変わりはなく、そこに過剰なサービスは似合わない。

心を伝える布のサインは完成して二年が経つ。しばらく訪ねていないが、白いサインたちはきっと気持ちよく働いてくれているだろう。

日本を教わる

　セーラ・マリ・カミングスさんというアメリカ人女性から長野県の酒蔵の看板やのれん、酒瓶やラベルのデザインを頼まれた。この人は利き酒師の資格を持っていて、この酒蔵を仕切っている。

　長野県の小布施町に彼女がやってきたのはオリンピックがきっかけだったそうだ。オリンピック関係の仕事に従事した後、民間の仕事にもついてみたいという彼女の希望を、栗菓子や葛飾北斎のコレクションで有名なO堂が受け入れ、彼女に様々なプロジェクトを任せた。

　その一つが敷地内に古くからある酒蔵の再生計画である。杜氏《とじ》がやってきて酒を仕込むという古式にのっとった酒造りは変わらないが、この一角を改装して酒の販売店舗と料理店を新設した。その料理店は板場が客席に向かって全開している。板場には大きなかまどが二つ。立派な飯炊きがまがその上に鎮座しており、その風情がこの施設の心意気を象徴している。蔵の風習か、板場も配膳《はいぜん》もすべて男性。そろいの法被《はっぴ》に鉢巻姿。客の視線から逃げられない板場にはとまどったそうだが、徐々に堂にいった動きになった。男衆の配膳は、器の持ち方にも気を通わせる。一つの器を両手で持つのはひ弱な印象を与えるので必ず片手に一つずつ。これはカミングス流の指導。彼女は器の模様などへの目配りも鋭く、たこ唐草なら小さめに密度濃く入れた方が男の手にしっくりくると有田に特注して作らせた。

蔵の改築や内装は香港在住のアメリカ人建築家のジョン・モーフォード氏の手による。新宿のホテル・パークハイアットの内装の出来ばえに着目したカミングスさんが、その設計者を探した結果、香港のモーフォード氏にたどり着いたのだそうだ。

そんな国際色豊かなプロジェクトチームが生み出す空間は、何とも背筋のぴしっと通った日本流で気持ちがいい。誠実に仕上げられた和の空間は時間の経過とともに味わいを増している。そこに働く人々が生み出すきびきびした空気もすばらしい。かつて北斎の才能を見いだし援助した高井鴻山の流れをくむO堂の面目躍如というところか、また一つ新しい創造性を手中にしている。

「日本の文化をわかっていない日本人が多い」と、カミングスさんは言う。確かに、異国人という意外性を差し引いてもこの人の日本の文物への造詣《ぞうけい》は深い。物だけではなく人をしつけて場に品位を生み出す手腕もすごい。

そういうところからのデザインの依頼は一大事である。しかられないように、しっかり姿勢を正して日本と向き合わなくては。

お腹で服を着よう

僕は現在、四十二歳のおじさんで（執筆当時）、お腹も出て、体形も若者のそれとは明らかに違う。その点を指摘されるたびに「いや、これで設計図通りなのだ。立派なカブト虫は今さら幼虫にはもどれないのだ」とうそぶいている。半分言い訳だが半分は本気である。

そこで、ファッションデザイナーの方々にお願いしたいのだが、お腹の出たおじさんがプールでかっこよく見える水着、とか、痩せた人にはサマにならないゆったりしたスーツ、などというものをぜひ流行の先端でデザインしていただきたい。

普通に暮らしていても、ある年齢になると太ってくる。これは人間の体の中に、そういう設計図があるからだと僕は思う。もちろん太り過ぎは危険だが、ちょっとお腹が出るくらいでおじさんは正解ではないか。

「ファッションは人生の芸術である」と言われる。鏡に映った自分をしげしげと見ると、人生の芸術も一筋縄ではいかないことがよくわかるが、一方で僕はその言葉を大吉のおみくじをそっと財布に忍ばせるように、大切に心の引き出しにしまっていたりもする。

優れたデザイナーたちが才能の粋をつくして生み出した衣服を身にまとうには、それに対峙《たいじ》する人間の側のスケールや輝きが必要である。その輝きは新品よりアンティークの方がいいという考え方もあろう。

元来、なんらかの歪《ゆが》みを持って生まれてくるのが人間であり、その歪みを自分自身で把握しながら、それが光るように磨いて磨いて人は仕上がっていく。だから標準をめざして整形をしたり、シェイプアップに励むのはファッションの本質からは遠いはずだ。真摯《しんし》に生きた結果、他にかえがたい独自性として自分を感じられるひそやかな自信がファッションデザイナーの奔放な創造性をわが身に引き受けるパワーになるのではないか。

要するにお腹ぐらい少々出ても、おじさんには先端の服を着る気概はある。しかしどうも流行の服は若者の体形を基準にしすぎていて物理的にフィットしない。そこで先ほどのお願いである。

特に個人名を冠したファッションブランドは当人が健在のうちに二世を誕生させて若返りをはかったりしないで、そのデザイナーの一生とともに歩んでほしい。ひとりのデザイナーの、若さも過激さも、成熟も老いも、貴重な創造の資源ではないか。人生を通して、僕らはそういうものと対話を続けたいのである。

セーターの鮮度

とても贅沢なセーターを持っている。素材は南米ペルーのアルパカの原毛。これを紡《つむ》いで毛糸を作り、手編みで自分の身体ぴったりに編み上げてもらった。手紡ぎかつ手編みは、この道の名手緒方怜香さん。しかしこれがなかなか着られない。

二〇一二年の七月、ある広告の撮影でペルーを訪ねた。ウール素材の一翼の豊穣を支えるアルパカと、標高四〇〇〇メートルを越えるアンデスの大地にそれを放牧しながら毛を収穫する人々を取材するためである。この地の女性たちは、常に背中にカラフルな風呂敷のようなものを背負っていて、そこに原毛と手紡ぎ器具、編み棒を携帯している。そして暇さえあればそれを取り出して作業する。日当たりのいい草地に輪になって座り、おしゃべりしながら手を動かしたり、立ち話をしながらでも手元の編み棒は脈々と動いている。

標高四〇〇〇メートルと言えば、富士山より高いわけであるから、アルパカに辿りつくのは骨の折れる道程である。軽い高山病で、時には酸素ボンベの世話にもなりつつも、撮影隊は素晴らしい写真を手にすることができた。

その折、アルパカの毛を刈る情景を目にした。一頭のアルパカを二人掛かりで組み敷き、鋏《はさみ》で素早く毛を刈るのだが、アルパカはこの状況から逃れようと必死であらがう。時々、反芻動物特有の胃液を吐きながら抵抗の意を露にする。職人たちは手慣れたもので、アルパカの懸命な抵抗もどこ吹く風と、手慣れた鋏さばきで素早く毛をアルパカの身体から剝奪していくのである。やがて、ネギ坊主のように頭だけ毛を残されたアルパカが放免される。下は骨だけになった鶏のもも肉のようで、笑うに笑えない情けなさ。それまで威風堂々としていたアルパカは、尊厳を丸ごとはぎ取られたかのように弱々しく所在なげに仲間の群れに戻っていった。

後には、残された影のように原毛が一頭分、どさりと床にある。僕は思わずそれを買い求めた。日本なら安物のセーター一着分程度の値段であった。手触りや匂いを確かめる間もなく、ビニール袋に詰め込まれたそれを日本に持ち帰り、原毛編みの名手緒方さんに一頭分そっくり委ねたという次第である。

原毛からは、僕と写真家上田義彦さんふたり分のセーターができた。きちんと採寸してもらって仕上げたので、ぴたりと自分の身体に合う。実に贅沢なセーターである。しかしなぜか、これに手を通す気持ちがわかない。毛を刈られた顚末を知っているせいで、濃い茶色の毛に触れた途端、情景が蘇る。その鮮度が度を越えている。

つまりこれはアルパカのセーターではなく、セーターになった「あいつ」なのであった。

アイスランドで暖まる

　アイスランドという国をご存じだろうか。いかにも冷え冷えとした名前だし緯度も相当上の方にある。氷に閉ざされた近寄りがたいイメージだが、名前ほどには寒くない。暖流の影響で冬の最低気温が平均マイナス三度。同緯度の北欧諸国と比べて温暖である。面積は北海道と四国をあわせた程度。ここに人口三十二万が住む。漁業が主力産業だが、広大な自然に恵まれたその暮しは豊かに見えた。

　実際、この地は見事な景観の宝庫で、滝が随所にある。平たい大地が隆起し、海沿いの端が崩れて平野になった感じで、氷河はあるが緩やかに滔々《とうとう》と流れる大河はない。川の大半は滝となって大地の端から滴《したた》り落ちてくる。森の樹々は丈が短く、「アイスランドの森で迷ったらどうするか」「立てばいい」と現地の人は冗談を言う。森には、絵本に出てくるような毒々しいベニテング茸が散在しており、どこかから小人など現れそうである。

この地で広告のロケを敢行した。九月中旬。まだ夏の名残を残す太陽は低い軌道で大きく回り、夜九時を過ぎても明るい。しかしこの地の気象は甘くはなかった。「記録的な寒波」と現地コーディネーターは言い訳をするが、思わずお経でも唱えたくなるような猛吹雪に見舞われた。秋に吹雪は想定外だが仕方がない。僕らはロケ地の変更を決断し、北海道と四国を足したくらいの面積を北部から南部へ、アイスバーンと化した道をほうほうの体で移動した。大きな辞書くらいの箱に、レーズン入りチョコビーンズがぎっしり入ったお菓子を、順繰りにまわして鷲摑みに頰張りつつ、僕らはクルマの移動に耐えた。

幸い南部の天候は良好で、スウェーデンから到着した四五歳から七歳までの美女たちと、この地の景観を融合させつつ、撮影は順調に進んだ。最後の撮影地は、世界最大の露天風呂「ブルー・ラグーン」である。

火山国アイスランドには温泉も無数にある。地熱発電も盛んで「ブルー・ラグーン」はその副産物。地下四〇〇〇メートルから噴出する湯をエネルギーに換え、有機物を含んだ残りの温水で巨大露天風呂ができた。イチローがボールを思いっきり投げても向こう岸に届かないくらい広い。乳液の原料となる珪石（シリカ）を含んだ湯は肌にいいらしく、白い泥を身体や顔に塗りたくる人々もいる。

撮影隊の一行も、仕事を終えて白い湯に入った。全体にぬるめだが、もうもうと湯煙を舞い上げながら、熱い湯が沸いている場所もある。「この国は世界で一番長寿らしいよ」と、誰かが湯気の中で言う。からだの芯まで地熱が染み通るのを感じつつ、なるほど、ここは長生きできそうだと不思議に納得していた。

犬のための建築

「犬のための建築」という展覧会を制作して、世界を巡回させている。正確に言うと、展覧会だけではなくウェブサイトや書籍の発刊と並行した複合プロジェクトである。何を酔狂な、と思われるだろうが、まあ聞いていただきたい。

犬をテーマとした理由は、犬好きだからでも、動物愛護を旨としているからでもない。「犬」は、地球上の誰もがよく知っているし、それなりに興味がある。それだけで十分である。もし「ハイブリッドカー」とか「スマートフォン」などをテーマに選ぶと、それに興味を持つ人々は、先進国に限られてしまう。「犬」は、実に普遍的な知のプラットフォームなのである。

ところで、人間は、環境を自分たちの都合のいいようにつくりかえて住んできた。都市をつくり道路をつくり、家も家具もつくる。象やライオンはそういうことをしない。人間工学とか、モデュールなどという言葉も、その尺度の基点は人間の身体の大きさである。犬は、そんな人間サイズの環境で生かされている。

犬の祖先はオオカミである。しかし人間がその傍らに現れたことで、その進化は完全に人間に支配されてしまった。ダックスフンドも、チワワも、パグもスピッツも、人間が交配をコントロールすることでつくられた品種である。だから、いまさら、犬たちを大自然に帰してやるわけにはいかない。犬たちは宿命的に人間の環境で生きる。だから、いま少し、犬と人間の関係を調停する建築的なるものを考えてみてはどうかと思った次第である。

この企画に参加するのは、世界的に著名な建築家でなくてはならない。学生や若手建築家が手遊びにやってみせたようなものなら、世界の人々の眼にはとまらない。ええっ、あの建築家もやっているのかと、建築ファンやメディアが一目を置いてくれる状態が不可欠なのだ。かくして、著名建築家たちが参集し、犬と人の関係を調停する建築が次々と提案され、そのすべてが原寸で制作された。そして展覧会として世界を巡りはじめた。マイアミで立ち上がった後、ロスのロングビーチ美術館を経由し、いまは日本で開催されている。

その写真も図面も、制作工程を示す動画も、丁寧にサイトに掲載され、気に入ったものがあれば、誰でも自由に図面をダウンロードできる。制作した建築を、犬と一緒に写真を撮って送ってもらえば、サイトに自動的に収録される。こうして、地球上の犬ファンと建築ファンが交差する不思議な場所ができつつある。これは実に真摯なメディアとコミュニケーションの実験なのである。

聞かれたくない質問は「犬が好きですか?」と「次は猫ですか?」の二つ。しかし、たいがいこれを聞かれて辟易《へきえき》している。

家をつくるなら

家の作り方は誰も教えてくれない。学校でも習わないし、お父さんもお祖父さんも家はこう作るべしと教えてはくれない。なぜだろう。

日本の住まいは、明治維新を境にどんどん変わっていった。家づくりの常識は、近代の合理性やテクノロジーの進展に影響されて変化してきた。ご近所とのつき合い方も、家族のかたちも、テレビや電話のあり方も、つまり社会や人とのつながりがすっかり変わってしまったのだ。特に戦後の高度成長期以来、さらに言えば、コンピューターが登場して以来、変化はどんどん加速している。

だから、家の作り方について、自分たちの知恵はさして役に立たないと、お祖父さんもお父さんも思っているのかもしれない。また家は、所得の格差によって条件が違うので、一律には教えられないと、学校では考えているのかもしれない。

経済成長が目覚ましい時には、物価の上昇も大きいので、土地の値段は一〇年で二倍にもなった。そんな状況の中では、家は家でなく「金融商品」に見えてしまう。だから人々の心は保守的になって「失敗をしない買い物」を心がけるようになり、右へ倣えと同じような家を買ってしまう。

家に対する教科書の役割は、不動産会社のチラシが果たした。２ＤＫとか３ＬＤＫなどの記号や「ダイニング」とか「リビング」「キッチン」という語彙を教え込まれて、住まいを考えるようになる。そこには「縁側」も「廊下」も「床の間」も「納戸」も「土間」もない。いつか誰かが、決して悪気もなく、むしろ都市生活者たちがささやかな幸せを手にできるようにと、知恵を絞って考え出した合理的な住まいのかたちが「ｎＤＫ」という画一性を、僕らの暮らしにもたらしてしまった。

しかし、住まいの文化が終わったわけではない。祖父の知恵も父の知恵も役に立たないわけではない。かつての日本の民家は長い人々の暮らしをくぐり抜けてできあがった生活の結晶であり、滴り落ちる工夫のしずくが堆積した知恵の鍾乳洞のようなものであった。そこに育まれた住まいに対する美学は、ＤＮＡのように、今でも僕らの感覚の底にある。だから今でも、古くから残る民家の軒の連なりや、生活風景を見ると胸が引き絞られるような気持ちになる。そこには簡素の美や慎み深さが潜んでおり、決まりごとの中にも個性を発露させていくルールがあった。そして全体を景観として誇らしく思う気概があった。

日本はこれから高齢化を迎え、人口も減り始めるが、ここは成熟時代への入り口である。そろそろ、質屋に預けっぱなしにしていた伝統や美意識を請け出して、ハイテクノロジーと融合させつつ、未来資源として活用してはどうだろうか。そうなると、日本のこれからの家にも期待が持てそうなのだが。

デザインと数学

独立研究者の森田真生さんにお会いする機会があり、「デザインは数式や計算のない数学のようなものかもしれない」と言われた。その時はまさかと思ったが、案外と心の深くに刺さっている。

自分に数学の才能はない。小学生の折、ひととき通った数学塾で、三桁の筆算の問題をひたすらやらされた苦痛から、こういう方面の仕事は避けたいと本能的に思った。ただ、幾何学や数列、確率論などには興味があったし、微分や積分の着想には文学的とも言える興味が湧いた。関数は詩的に美しいと思ったし、双曲線のグラフィズムや関数模型の美しさにも魅せられた。プロペラの造形から得た感慨も同じである。平方根という発想そのものにも優れた感覚の冴えを感じる。しかしデザインが数学であるとは考えたことがなかった。

森田真生さんの発言の背景には、偉大な数学者岡潔の言葉があるそうだ。岡潔はかつて数式や計算のない数学をやりたいと語ったという。

それはどんな数学なのだろうかと考えていた森田さんが、僕のレクチャーをたまたま聞いていて、ひょっとするとそれはデザインのようなものではないかと思ったということである。

もちろん、デザインが数学であるかどうかは定義しようもないことだし、その是非を云々しても始まらない。ただ、水と油のように相反するように思われていた領域に、案外と深い共通点や関連性があるということの気づきは大きい。

最近、デザインの本質は、仮想的推論ではないかと考えている。簡単に言うと「だったりして」と考えてみることである。経験でも論理でもない。誰も見たことがない発想やかたち、関係性や問題を「こうだったりして」と、仮想しヴィジュアライズしてみせるのがデザインである。

もしもすべてのクルマが自動運転で、互いにぶつかり合わず、交通状況を判断して自走することができるなら、都市や道路はどう設計できるだろうか。おそらくは、道路そのものをつくらず、フラットに整地された地面に、一定の間隔でランダムに建築が作られ、交差点も信号もない建築のすき間を、水中の魚類のようにすれ違いながら、クルマたちは最短コースを進むだろう。

マカロニは、粉体となった食物原料にかたちが与えられたものだ。これは一定の体積を持つ粘性のある物体に、できるだけ大きな表面積や、熱の通りやすさ、生産性、ソースの付着しやすさなどを見いだすデザインである。美しさや見飽きないかたちなど、美意識が付加されるところがデザインだと思っていた。

しかし、この美意識のよりどころこそ、数学的直感に近いかもしれない。うれしい緊張感のある気づきであり、目覚めである。

単行本版あとがき

東京タワーの光によせて

僕はグラフィックデザイナーである。デザイナーの「ナー」の部分は、その能力に秀でた専門家というよりも、むしろそれに奉仕する人というくらいのニュアンスで受けとめていただいた方がいい。ちょうど庭師のことを「ガーデナー」というのに近い感じだろうか。僕は「デザイン」という概念が好きだ。それはおそらく庭師が植物に敬意を払うのと同じような気持ちだと思うのだ。だからデザインの庭を掃いたり、その実を拾ったり、整えたりする人がデザイナー。その庭には大きな樹が一本生えていて、そこにのぼると大変眺めがいい。その樹の上で何かをぽつりと考える。そんな感じの連載にしたいと考えた。そこで「デザインの樹にのぼる」というタイトルをつけて、この連載エッセイをはじめた。それは日経新聞紙上で約半年続いた。

しかしながら、振り返ってみると、デザイナーの日常は、庭で過ごすという比喩にはほど遠く、都市や経済が疾走する速度や密度に歩調を合わせての日々である。つまり、不規則なリズムが連続する時間の中を僕は生きている。だからむしろ、週一回の連載という場所に、庭をつくってみたかったという方が正しいかもしれない。デザインの反復によって頭の中にたまってきた言葉の種子をそこに植えて、そこに芽吹いてくるものを眺めてみるような、そういう気持ちで連載を続けた。半年間は、あっという間だったがとても爽快だった。

ところで、東京タワーが夕暮れの中で点灯していくさまをしみじみと眺めた経験はおありだろうか。ある仕事で、新しい都市開発が進む都心の工事現場を撮影するために、写真家とともに造成中の現場に入った。東京ドームのフィールドが八つも入るという広大な敷地にはすでに建築物の痕跡はなく、隕石でも落下したかのように土の肌を盛大に露出させている。おびただしい数のクレーンがその地に林立し、ほぼ同数のパワーショベルが地面を掘りはじめている。ふと、自分が一体どこにいるのかわからなくなる。広大な工事現場でクレーンの林に囲まれると、ランドマークとなる周辺の建築物の印象が薄まるからだ。その唯一の例外が東京タワー。日中はさほどの存在感もないが、日没に反応してライトを点灯させていくその風情は実に感動的である。工事中の未来都市は、巨大な黒い空き地として闇をつくる。そこに暖かい色のライトを浴びながら静かに静かに浮かび上がってくるタワー。それは東京が見せる都市変貌のオペラのようであり、久々に遭遇した都市の美であった。

自分と同じ一九五八年生まれの東京タワーは、周囲にできる最新の超高層ビルに比べて野暮ったく、身近でありながらもやや疎ましい存在になりかかっていた。照明デザインのおかげで、やはりこれは東京のシンボルだなあと素直に認めるとともに、歴史を刻んでいくタワーのメッセージをふと、受けとったような気がしたのである。

このタワーは、東京という都市の庭に生える生命樹なのだ。時々、魂をその上にのぼらせて、東京を眺めてみようと、その時に思った。

東京は、また新しい変貌に向けて走りはじめている。僕も再び、デザインの前線へ出かけよう。

連載を勧めていただいた日本経済新聞社の佐藤恭子さん、そして率直で真摯な指摘で筆者の不明を常に解きあかしていただいた、同じく日本経済新聞社の辻本浩子さんにこの場でお礼を申し上げたい。またこの連載をすみやかに書籍に仕上げていただいた朝日新聞社の大槻慎二さんにも、心から感謝の意を表したい。

文庫版あとがき

めざめのあとがき

『デザインのめざめ』は、朝日新聞出版から二〇〇一年に出版された『マカロニの穴の謎』に五篇の新作を増補したものである。元々は日経新聞に連載していたもので、一行十一文字という、独特の改行リズムで書かれており、一文が短くリズミカルで読みやすい。そうでなくてさえ難解さの微塵もない自分の文章であるから、素早く読めば十五分で読了するかもしれない。しかし、その消化の良さが気にいっていて、このくらいの平易さで書かなければというひとつの指針にもなっている。

テキストの中に「無印良品」のくだりがあるが、連載は二〇〇〇年前後で、この時は無印良品とは何の関係もなかった。この文章が縁というわけでもないだろうが、その後間もなく田中一光氏から無印良品のアートディレクションのバトンを渡された。テキストはそういう事情とは一切関係なく、一消費者の眼で無印良品を見ていた時代のものである。

本書の大きな財産は、巻末の森田真生さんによる解説である。気鋭の研究者に本書の解説はご負担かと憚《はばか》られたが「デザインは数式と計算のない数学かもしれない」とのご発言に勇気づけられてお願いし、快諾いただいた。謹んでお礼を申し上げたい。

イラストレーターのコーチはじめさんには、この上なく明快なヴィジュアルで紙面をひきしめていただいた。新たな五篇の追加にも快く応じてくださり、旧交の再来を喜びつつお礼を申し上げたい。

河出書房新社の吉住唯さんには、呟きのようなデザインの言葉を再発見いただいた眼に敬意を表し、感謝を申し上げたい。

最後に、専門的になりがちなデザインを、常に普通の人の視点に引き戻し、率直な意見で自分を目覚めさせてくれる愚妻にも、あらためてお礼を言っておきたい。

解説

森田真生

那須塩原で開催されたとあるイベントで、私ははじめて原研哉さんとお会いした。そこで「白」をテーマにレクチャーをされた原さんが、途中「紙」について語る場面があった。

真っ白な紙。それは書く人の「創造意欲を掻き立てる媒質」である。かつて石器時代の人が石を手にとったとき、その触り心地や重量感のほどよさが、彼らの感覚を鼓舞したに違いない。同じように、紙の輝くような「白さ」とぴんとした「張り」が、人類をその気にさせてきたのだ。紙は情報を伝達する実用だけの道具ではない。やがて電子媒体に駆逐されてしまうような、「世知辛い」ものでもない——このように語りながら、原さんの語調は次第に熱を帯びてきた。

そもそも白は、暮らしの中では希少で特別なものだった。その特殊な性質を持った物質を、「張りのある薄い枚葉《まいよう》として」生み出すことができたわけだから、それが人間にもたらしたイマジネーションははかりしれない。私たちはそんな紙の白を、大胆にも黒い墨で汚す。それは取り返しのつかない行為だ。だからこそ、そんな後戻りのできない危険を冒してもなお残すに足る痕跡を、自分はその紙に描くことができるかもしれない。それができたらどんなに素晴らしいだろうかと、人は期待と覚悟を胸に抱いて、紙と対峙する。

あの語りの臨場感をいまこの場でうまく再現できないのがもどかしいけれど、とにかく、紙の白の「ありがたさ」と、そこに「書く」ことの危険な喜びを、あんなにもドラマティックに語る人に、はじめて出会った（詳細はぜひ原さんの著書『白』をご覧ください)。

私は普段数学をしているので、毎日紙を使う。原さんの言葉に触れてからというもの、計算をするたびに、人類が気の遠くなるような蓄積の果てにようやくたどり着いた聖なる白を、いままさに黒々としたインクで侵犯せんとしている戦慄の瞬間に、ある種の劇的な興奮を感じずにはいられなくなってしまった。

原さんの観察は、現代の「陰翳礼讃」ならぬ「白礼賛」である。汁椀を前にした何気ない日常が、谷崎の言葉にひとたび触れた途端に、瞑想的な時空に変容してしまうのと同じように、原さんのあの語りに触れた後ではきっと誰しもが、紙を手に取り、そこに何かを書きこむたびに、一方ならぬドラマを感じずにはいられなくなってしまうだろう。日常の「風景」が、それこそREDESIGNされてしまうのだ。

原さんの言葉には「風景」がある。かつて小林秀雄が、大和三山の名状しがたい美しさを前にして、「万葉の歌人らは、あの山の線や色合いや質量にしたがって、自分たちの感覚や思想を調整したであろう」とつぶやいた。山の線や色合いも、客観的な事物として見れば物質現象に過ぎないが、そこに見るものが寄り添って、相親しく交わるとき、ひとつの「風景」が立ち上がる。客観的で映像的な「景観」とは違い、「風景」には見るものと見られるものとの交雑があり、知覚と想像力との混淆がある。それは、主観と客観のあわいに立ち上がるひとつの現象である。

原さんは、まるでかつての万葉の歌人のように、日常のあらゆる事物に寄り添い、耳を澄ませながら、自分の感覚と思想を調整しているように見える。そんな彼の前にはきっといつも、豊かな「風景」が広がっているのだろう。

本書を読んでいると、その一端を覗かせてもらっているような気持ちになる。「マカロニの穴」や「エレガントなハエ」や「割れしいたけ」を契機として、私たちはいつのまにか、原研哉という人物を去来する風景の豊穣へと、導かれてしまうのだ。

「手のひらの装丁」と題されたエッセイの中では、ユニークな道具論が展開される。人類は直立歩行を始めて自由になった両手で、「こん棒系」の道具をつくり、世界を加工することができるようになった。他方で人は、自由になった両手を合わせて小さな「うつわ」を作り、それで水をすくって飲めるようにもなった。

こん棒とうつわ。人類が創造してきた道具はこの二つの系統に分かれる、というのが原研哉の優れて独創的な見解だ。

「こん棒」はともかく、普通「うつわ」の方には、なかなか気がつかない。気づかないからつい、こん棒を振り回すようにして、環境を加工したり変容させることばかりに躍起になる。ところが、原さんの文体はこん棒の文体ではない。それは両手をそっと合わせてつくった「空《うつ》／エンプティネス」に何かが響くのをじっと待ち続けるような、静謐を伴う文体である。

人工物はただ一方的に人に隷属させるというわけにはいかない。ひとたびつくられた人工物は、それ自身がひとつのメッセージになる。だからこそデザイナーは、人工物に働きかけ、それに変容を迫る「こん棒」とともに、人工物の発する声に耳を傾け、それを受け取る「うつわ」を持ちあわせていなければならない。ラーメンどんぶりから宇宙船に跳躍し、マヨネーズの穴からデザインの真髄にまで飛躍する想像力は、その「うつわ」に宿る。

本書に編まれたひとつひとつのエッセイが、原研哉という大きな「うつわ」に映り込み、反響した風景の断片である。それを楽しく読み進めているうちに「デザインとは何か」が、ちょっとだけわかってくるような気持ちになる。

まず何よりも、デザインは「もの」に働きかけるのではなく、人の心に働きかけるものなのだということが、よくわかる。「もの」に働きかけるのは、そのための手段に過ぎない。かつて原さんはこのことを、「欲望のエデュケーションヨン」という言葉で端的に言い表した。

製品や環境は、人々の欲望という「土壌」からの「収穫物」である。よい製品や環境を生み出すにはよく肥えた土壌、すなわち高い欲望の水準を実現しなくてはならない。デザインとは、そのような欲望の根底に影響を与えるものである。…よく考えられたデザインに触れることによって覚醒がおこり、欲望に変化が生まれ、結果として消費のかたちや資源利用のかたち、さらには暮らしのかたちが変わっていく。そして豊穣で生きのいい欲望の土壌には、良質な「実」すなわち製品や環境が結実していくのである。

（『日本のデザイン』より）

デザインは単なるスタイリングではない。「もの」の形をつくる行為はたしかにデザインの重要な一部だが、デザインの本質は、人間の心の奥に潜在する「欲望」を「エデュケート」することだ。そんな原さんの思想に触れて、私はふと、数学者・岡潔のことを思い出した。

岡は一九〇一年に生まれた二〇世紀を代表する日本の数学者だ。その生涯のほとんどを、世間から離れた場所で、ひたすら数学研究に捧げた人である。一九六〇年に文化勲章を受章してからは各メディアの注目を集めるようになり、晩年は数々のエッセイを著した。

数学を語る岡の言葉は美しく、小林秀雄をはじめとして、多くの人がその思想に魅了された。中でも、「計算も論理もない数学をしてみたい」という言葉などは、特に謎めいていて、どこか人の心を惹きつけるところがある。私自身、その言葉の詩的な響きに惹かれながらも、「計算も論理もない数学とは、いったいどんな営みだろうか」と、長らく腑に落ちないままでいた。

不思議なことに、原さんのレクチャーを聴いていて、ふと頭に浮かんだのが、この言葉だった。「計算も論理もない数学……それは原さんの語られるデザインに近いものなのかもしれない」――あまり考えもまとまらないままに、私は思わずそうつぶやいていた。

そのことを原さんは覚えていてくださったようで、「デザインと数学」の中で、そんな私の突拍子もない発言について、「案外と心の深くに刺さっている」と書いてくださった。こうなったら、一度自分で発してしまった言葉の責任をとって、きちんと説明を試みなければならない。そもそも岡の発言の背景にどのような数学観があったのかを、まずは簡単にお話ししたい。

岡はそのエッセイの中で、「自然数の1とは何であるか、数学は何も知らない」ということを、繰り返し強調した。数学が出発するためには、ともかく「1がある」という宣言から始めるしかなく、「1とはそもそも何なのか」と問われても、これに対して数学的には答える術《すべ》はない。「1がある」というありありとした実感が共有されているから、「1がある」という宣言に誰も異論を差し挟まない。ただそれだけのことなのである。数学を支える「数」の概念の、一番始まりの「1」は、数学にではなく、この素朴な人間の「実感」に支えられている。そのように岡は語るのである。

そんな岡は、「すべては「そうであるか、そうでないか」の問題ではなく、「それで心が安定して心の喜びを感じられるかどうか」の問題なのだと思う」とも言っている。「そうであるか、そうでないか」を判定する「論理」は数学のうわべに過ぎなくて、その論理を支えているのは、「わかる」ことに喜びを感じる心だ、というわけである。

岡はさらに、「心では彩りにとぼしい感じがあるので情緒ということにした」と言って、「数学の中心にあるのは情緒である」という美しい言葉を残している。

ともすると数学は、表面上の記号の操作そのものと誤解されがちだが、その記号の操作を支えているのは、数学者の身体に宿る実感である。その実感を生み出す生命過程は、とても計算や論理に還元できるものではない。計算や論理には、それを支える身体的な源泉があるのであって、それを岡は「情緒」と呼んだのである。

このあたりに私は、原さんのデザインの思想と、何か通底するものを感じる。『日本のデザイン』の中で原さんは、「人目をひく造形ではなく、日常を冷静に観察する視点、そして色や形だけではなく、それを感受する感覚への接近、そんな試みの先に自分のデザインのフィールドを考えはじめています」と書かれている。ここで原さんの言う「感受する感覚」というのが、岡潔の言う「情緒」に限りなく近いように感じるのは、私だけだろうか。

数学の本体が、操作される種々の記号の方にあるのではないのと同じように、デザインの本質も、「もの」の記号的な操作にあるわけではない。数学の場合は計算や論理を使った記号の操作を通じて、デザインの場合には具体的な色や形という「もの」へのアプローチを通して、最終的には人の情緒に「気づく」喜びと「わかる」実感が芽生える。

岡によれば、数学とは「(真・善・美のうち) 真における調和の感覚」に導かれて、情緒を清め、深めていくことだという。原さんによればデザインとは、

「世界中の人々が共感できる「感覚の平和」を求める叡智」（『日本のデザイン』）であり、心の奥底に眠る人の「欲望」を「エデュケート」することであるという。

真における調和の感覚と、感覚の平和をたよりにして、情緒を清め、欲望をエデュケートしていく――表現こそ違えど、両者がそれほどかけ離れたことを言っているようには思えない。原さんとお会いしたあの日、私の頭の中にはそんな考えが去来していたのである。

岡潔の夢見た「計算も論理もない数学」と、原研哉が描く「デザイン」の理想。その見つめる先はひょっとすると、遥か地平線の彼方では、ぴたりと重なり合っているのかもしれない。

そこにたどり着くまでにはきっと、まだまだ数学とデザインの楽しい「めざめ」が、いくつも待ち受けているのだろう。

（もりた・まさお＝独立研究者）

本書は『マカロニの穴のなぞ』（朝日新聞社、二〇〇一年刊）に
5篇のエッセイを増補の上、文庫化したものである。

デザインのめざめ

二〇一四年 一 月二〇日 初版発行
二〇二五年 二 月二八日 9刷発行

著 者 原研哉《はらけんや》
発行者 小野寺優
発行所 株式会社河出書房新社
〒一六二―八五四四
東京都新宿区東五軒町二―一三
電話〇三―三四〇四―八六一一（編集）
〇三―三四〇四―一二〇一（営業）
https://www.kawade.co.jp/

ロゴ・表紙デザイン 粟津潔
本文フォーマット 佐々木暁
印刷・製本 大日本印刷株式会社

Printed in Japan ISBN978-4-309-41267-2

巷談辞典

井上ひさし〔文〕　山藤章二〔画〕　41201-6

漢字四字の成句をお題に、井上ひさしが縦横無尽、自由自在に世の中を考察した爆笑必至のエッセイ。「夕刊フジ」の「百回連載」として毎日生み出された110編と、山藤章二の傑作イラストをたっぷり収録。

巴里の空の下オムレツのにおいは流れる

石井好子　41093-7

下宿先のマダムが作ったバタたっぷりのオムレツ、レビュの仕事仲間と夜食に食べた熱々のグラティネ——一九五〇年代のパリ暮らしと思い出深い料理の数々を軽やかに歌うように綴った、料理エッセイの元祖。

東京の空の下オムレツのにおいは流れる

石井好子　41099-9

ベストセラーとなった『巴里の空の下オムレツのにおいは流れる』の姉妹篇。大切な家族や友人との食卓、旅などについて、ユーモラスに、洒落っ気たっぷりに描く。

狐狸庵交遊録

遠藤周作　40811-8

類い希なる好奇心とユーモアで人々を笑いの渦に巻き込んだ狐狸庵先生。文壇関係のみならず、多彩な友人達とのエピソードを記した抱腹絶倒のエッセイ。阿川弘之氏との未発表往復書簡収録。

狐狸庵食道楽

遠藤周作　40827-9

遠藤周作没後十年。食と酒をテーマにまとめた初エッセイ。真の食通とは？　料理の切れ味とは？　名店の選び方とは？「違いのわかる男」狐狸庵流食の楽しみ方、酒の飲み方を味わい深く描いた絶品の数々！

狐狸庵動物記

遠藤周作　40845-3

満州犬・クロとの悲しい別れ、フランス留学時代の孤独をなぐさめてくれた猿……。楽しい時も悲しい時も、動物たちはつねに人生の相棒だった。狐狸庵と動物たちとの心あたたまる交流を描くエッセイ三十八篇。

狐狸庵読書術

遠藤周作　40850-7

読書家としても知られる狐狸庵の、本をめぐるエッセイ四十篇。「歴史」「紀行」「恋愛」「宗教」等多彩なジャンルから、極上の読書の楽しみ方を描いた一冊。愛着ある本の数々を紹介しつつ、創作秘話も収録。

狐狸庵人生論

遠藤周作　40940-5

人生にはひとつとして無駄なものはない。挫折こそが生きる意味を教えてくれるのだ。マイナスをプラスに変えられた時、人は「かなり、うまく、生きた」と思えるはずである。勇気と感動を与える名エッセイ！

わたしの週末なごみ旅

岸本葉子　41168-2

著者の愛する古びたものをめぐりながら、旅や家族の記憶に分け入ったエッセイと写真の『ちょっと古びたものが好き』、柴又など、都内の楽しい週末“ゆる旅”エッセイ集、『週末ゆる散歩』の二冊を収録！

天下一品　食いしん坊の記録

小島政二郎　41165-1

大作家で、大いなる健啖家であった稀代の食いしん坊による、うまいものを求めて徹底吟味する紀行・味道エッセイ集。西東の有名無名の店と料理満載。

アイドル万華鏡

辛酸なめ子　41024-1

日々猛スピードで消費されゆくアイドルたちの生オーラを感じに、イベントなどへ著者が潜入！　さらに雑誌のインタビュー記事などといった膨大な資料から、アイドルの真の姿に迫った傑作コラム集！

新編　かぶりつき人生

田中小実昌　40874-3

ストリップではじめてブラジャーをはずしたＲ、全ストになって大当たりした女西郷……脇道にそれながら戦後日本を歩んできた田中小実昌が描く女たち。コミさんの処女作が新編集で復活！

表参道のヤッコさん

高橋靖子　41140-8

新しいもの、知らない空気に触れたい——普通の少女が、デヴィッド・ボウイやT・レックスも手がけた日本第一号のフリーランスのスタイリストになるまで！　六十〜七十年代のカルチャー満載。

幻想図書館

寺山修司　40806-4

ユートピアとしての書斎の読書を拒絶し、都市を、地球を疾駆しながら蒐集した奇妙な書物の数々。「髪に関する面白大全」「娼婦に関する暗黒画報」「眠られぬ夜の拷問博物誌」など、著者独特の奇妙な読書案内。

四百字のデッサン

野見山暁治　41176-7

少年期の福岡での人々、藤田嗣治、戦後混沌期の画家や詩人たち、パリで会った椎名其二、義弟田中小実昌、同期生駒井哲郎。めぐり会った人々の姿と影を鮮明に捉える第二六回エッセイスト・クラブ賞受賞作。

妖怪になりたい

水木しげる　40694-7

ひとりだけ落第したのはなぜだったのか？　生まれ変わりは本当なのか？　そしてつげ義春や池上遼一とはいつ出会ったのか？　深くて魅力的な水木しげるのエッセイを集成したファン待望の一冊。

幸田文のマッチ箱

村松友視　40949-8

母の死、父・露伴から受けた厳しい躾。そこから浮かび上がる「渾身」の姿。作家・幸田文はどのように形成されていったのか。その作品と場所を綿密に探りつつ、〈幸田文〉世界の真髄にせまる書下し！

要するに

山形浩生　40883-5

ネットはどうなる？　会社ってなーんだ？　プライバシーって本当に大切？　……いろんな領域にまたがって、専門家と非専門家の間を「要するに」とつないでゆく、快刀乱麻、悪口雑言、山形浩生の雑文集。

kawade bunko